Siegfried Bütefisch

Der rote Fisch 1

Impulse für werbewirksame
Gestaltung und Kommunikation

Leitfaden 1

Auffallen, informieren, überzeugen und bewegen

Zu diesem Leitfaden

Was passiert eigentlich in unserem Kopf, wenn wir Dinge sehen, hören, schmecken, fühlen, riechen … Warum lösen manche (Werbe)Botschaften Reaktionen aus – andere keine oder nur wenige? Weshalb und wie verändert unsere Wahrnehmung unsere Stimmungen und Meinungen? Wie gelingt es, Aufmerksamkeit zu erzielen? Die Antworten auf diese und ähnliche Fragen sind elementar, wenn es um erfolgreiche Werbung geht.

In diesem Leitfaden geht es um die Grundlagen der Werbe- und Wahrnehmungspsychologie – aber nicht theoretisch verkopft, sondern anschaulich praktisch. Sie lernen Botschaften so zu „verpacken", dass diese bei Ihrer Zielgruppe ankommen. Sie verstehen den Zusammenhang zwischen Bedürfnis und Reaktion. Sie wissen um die Wirkung *sinn*licher, gehirngerechter Kommunikation. Sie verbinden emotionale Ansprache und sachliche Argumentation. Mit diesen Grundlagen und Impulsen werden Sie Ihre Werbung zielgruppengerecht gestalten und Ihre Texte dementsprechend formulieren – auffallend, ansprechend und auf den Punkt gebracht. Sie wissen um den Zusammenhang zwischen Ästhetik und Wirkung. Übrigens werden Sie ganz nebenbei sich selbst ein wenig besser verstehen. Als Werbender, als Umworbener und sogar als Persönlichkeit. Denn Kommunikation ist niemals eine Einbahnstraße. Menschen „ticken" verschieden – und doch auch gleich. Werden Sie ein besserer Menschenversteher – und Ihre Werbung kommt besser an!

Dieses Wissen über die Möglichkeiten und Grenzen gezielter Kommunikation wird Ihr Denken und Handeln verändern und bereichern. Seien Sie gespannt.

Zum Autor

Siegfried Bütefisch ist Dipl. Grafik Designer und Coach. Er begleitet, berät und trainiert Organisationen und Unternehmen im Bereich Marketing und Kommunikation.

„Es ist nichts im Verstand, was nicht vorher in den Sinnen war.“

John Locke

„Was wir sehen, ist nicht, was wir sehen, sondern was wir sind.“

Fernado Pessoa

„Das Wichtigste in der Kommunikation ist zu hören, was nicht gesagt wird.“

Peter Drucker

„Die Welt beginnt und endet in Ihrem Kopf.“

Siegfried Bütefisch

MIX
Papier aus verantwortungsvollen Quellen
Paper from responsible sources
FSC® C105338

Die Deutsche Nationalbibliothek verzeichnet diese Publikation in der Deutschen Nationalbibliografie, detaillierte bibliografische Daten sind im Internet über dnb.d-nb.de abrufbar.

2. Auflage 2015

Herstellung und Verlag:
BoD – Books on Demand, Norderstedt
Umschlag, Layout und Illustrationen:
Siegfried Bütefisch, Madeleine Stöhr
Bütefisch Marketing und Kommunikation
www.buetefisch.de
ISBN 978-373-578-684-5

Inhalt

Vorwort

„Der rote Fisch“ ist eine Sammlung von 7 Leitfäden, die jeweils ein abgeschlossenes Thema behandeln. Diese Leitfäden sind geschrieben für die Praxis, für „Macher“ im Bereich Marketing und Kommunikation, also für

- Gestalter, Studenten und Auszubildende im Bereich Mediengestaltung
- Werbeleiter und Entscheider im Marketingbereich
- alle, die mit Wörtern, Bildern, Medien und ihrer Persönlichkeit Menschen erreichen, überzeugen und gewinnen möchten

In diesen Leitfäden bündelt sich meine 30-jährige Berufserfahrung als Gestalter, Werber, Trainer und Dozent. Es geht um Themen, die darüber entscheiden, ob Werbung ankommt und die Kommunikation mit der Zielgruppe gelingt. Erfolgreiche Werbung ist mehr als gelungene Mediengestaltung. So geht es nicht nur um die äußere Form, die Verpackung, sondern um Inhalt, um Bedürfnisse, um Spannung und Dramaturgie:

- Leitfaden 1
  Auffallen, informieren, überzeugen und bewegen
- Leitfaden 2
  Mit guten Ideen und Strategie zum Werbeerfolg
- Leitfaden 3
  Bild und Text – mehr als nur Layout-Zutaten
- Leitfaden 4
  Das 1x1 guter Gestaltung / Schwerpunkt Druckmedien
- Leitfaden 5
  Erfolg im Internet und in digitalen Medien
- Leitfaden 6
  Wirkung potenzieren durch Werbe-Mix
- Leitfaden 7
  Kunden, Unterstützer und Sponsoren gewinnen

Alle diese Leitfäden in Taschenbuchform haben in der Druckversion zwischen 30 und 130 Seiten. Der Anspruch ist, in knapper und übersichtlicher Form Impulse für grundlegende Verbesserungen zu geben. Denn selten mangelt es an Worten. Es mangelt daran, Wissen umzusetzen – intelligent, zielstrebig, motiviert und zeitnah. Konzentrieren Sie sich deshalb auf das Wesentliche. Jede Kette ist nur so stark wie ihr schwächstes Glied. Machen Sie wenig, aber dieses gut. Dadurch erreichen Sie mit dem geringsten Aufwand die größte Wirkung. Das ist es, was gute Werbung ausmacht.

„Weniger ist mehr“

Doch „das Wenige“ fällt niemandem in den Schoß. Das Wenige muss erarbeitet werden. Das Wenige kostet Zeit und zeigt Können. Das Wenige braucht Mut zur Entscheidung und Reduktion. An dieser Stelle ein Wort an alle Leserinnen: Bitte fühlen Sie sich wertgeschätzt, auch wenn ich auf weibliche Anredeformen verzichte. Wirklich konsequentes „gendern“ (ein Beispiel für ein unschönes Wort) macht kurze Formulierungen unmöglich. Müsste ein Bürgersteig nicht auch Bürgerinnensteig genannt werden? Wird einer Zimmerfrau eher ein Staubwedel als ein Hammer zugestanden? Ich glaube, Achtung sollte sich anders ausdrücken als durch verquere, politisch korrekte Formulierungen. Genauso wenig braucht es Anglizismen und „Werbesprech“, um Kompetenz auszudrücken.

Die Qualität einer Lektüre misst sich an der Wirkung

Diese Leitfäden sind nicht geschrieben um sich zurückzulehnen, sondern um die Ärmel hochzukrempeln. So sind die „Roten Fische“ Bücher der Tat – ähnlich Workshops, nur in Buchform mit Übungen, Reflektionen, Links und Inspirationen. Sie sind geschrieben, um Ihre Sinne zu schärfen. Lassen Sie sich darauf ein, mit Intuition, Intellekt und Herz. Viele Wege führen zum Ziel, finden Sie den Ihren. Profitieren Sie von bewährten Regeln und Prinzipien und nutzen Sie Ihre Freiheit, um sie kreativ zu interpretieren:

„Man sollte die Regeln kennen, die man bricht.“

Noch etwas Persönliches

Viele Dinge verändern sich rasant – besonders unsere Möglichkeiten der Kommunikation. Wer heute und morgen Erfolg haben möchte, muss umlernen. Und manchmal schließt sich der Kreis und alte Prinzipien gewinnen wieder an Bedeutung.

Schon vor 900 Jahren sagte Bernhard von Chartres im Bezug auf Wissen und Bildung:

> ***„… wir sind gleichsam Zwerge, die auf den Schultern von Riesen sitzen, um mehr und Entfernteres als diese sehen zu können – freilich nicht dank eigener scharfer Sehkraft oder Körpergröße, sondern weil die Größe der Riesen uns emporhebt."***

So fühle ich mich trotz 194 cm Körpergröße gerne als Zwerg und danke allen, die mich durch ihr Wissen belehrt, durch unsere Begegnungen bereichert, durch ihr Lob ermutigt, durch ihre Kritik aufmerksam gemacht und mit ihrem Lachen angesteckt haben. Eingeschlossen alle, die ich nicht persönlich kenne, dafür aber ihre Bücher, ihre Arbeiten, ihre Ideen, ihre Gedanken, ihre Kunst. So empfinde ich die Vielzahl der heute verfügbaren Informationen und Medien sehr wohl als Geschenk – ein Geschenk, mit dem wir alle lernen müssen umzugehen, um uns in dieser Vielfalt nicht zu verlieren.

Und ich danke auch Ihnen – im Voraus für Ihr Feedback, Ihre Kritik und Ihre Anregungen zu diesem Leitfaden.

Siegfried Bütefisch

Wahrnehmungsfilter und Realität

Was ist Realität? Was ist Wirklichkeit?

Werbekommunikation haftet nicht zu unrecht der Ruf an, oberflächlich zu sein – eine Scheinwelt vorzugaukeln. Aber gibt es sie wirklich, die echte Welt? Können wir die „echte", objektive Welt von der Scheinwelt der Werbung und der Medien klar unterscheiden? Um diese Fragen zu beantworten, werfen wir zunächst einen genauen Blick auf das, was wir unsere Wirklichkeit nennen. Vielleicht kennen Sie das lesenswerte Buch des bekannten Kommunikationspsychologen Paul Watzlawik *„Wie wirklich ist die Wirklichkeit"*. Dieser Klassiker wird wie folgt beworben:

> ***„Paul Watzlawick klärt auf unkonventionelle und amüsante Weise darüber auf, was die sogenannte Wirklichkeit tatsächlich ist. Denn sie ist keineswegs das, was wir naiv »Wirklichkeit« zu nennen pflegen, sie ist vielmehr das Ergebnis zwischenmenschlicher Kommunikation, was Watzlawick mit vielen verblüffenden Beispielen belegt." (Klappentext)***

> ***»Dieses Buch sollte zur Pflichtlektüre für jene gemacht werden, die für alles eine Erklärung parat haben und sie als objektive Tatsachen anpreisen. Politiker, Soziologen, Theologen, Lehrer, aber natürlich auch Kritiker und Journalisten sollten sich Watzlawicks Buch unters Kopfkissen legen.« (Rias Berlin)***

Man könnte ergänzen, *„Wie wirklich ist die Wirklichkeit"* sollte Pflichtlektüre für alle sein, die sich mit Gestaltung, Werbung und Marketing befassen. Es sollte Pflichtlektüre sein für alle, die verstehen wollen, wie unsere Weltsicht, unsere Meinungen und unser Handeln von unseren Wahrnehmungen abhängen. Nur wenn wir diese Grundlagen verstehen, können wir unseren Verstand dazu nutzen, bewusst zu kommunizieren und unsere Werbeaktivitäten strategisch auszurichten.

Wie entsteht unsere Wirklichkeit

Unsere Sinne sind unsere „Fenster“ zur Realität. In Verbindung mit unseren Erinnerungen und Erfahrungen formen wir aus den subjektiven Sinneseindrücken unsere Weltsicht. Öffnen und schließen wir Fenster bewusst oder unbewusst, ändert sich unsere Weltsicht, unsere Wirklichkeit!

Forschungen zeigen, dass ein Mensch ca. 11 Mio. Sinnesreize (Bits) pro Sekunde aufnehmen kann – über Augen, Ohren, Nase, Geschmacksnerven, Haut und über das Gleichgewichtsorgan im Innenohr (unseren 6ten Sinn). Vielleicht nutzen wir sogar einen 7ten Sinn – was immer das sein mag. Diese Menge an wahrgenommenen Informationen ist vergleichbar mit dem Textinhalt von 10 Büchern. Diese Eindrücke sind dabei aber nur ein Bruchteil der wirklich vorhandenen Informationen über unsere Umwelt. Bei uns sind Fenster geschlossen, die bei anderen Lebewesen geöffnet sind. Menschen sehen kein ultraviolettes oder polarisiertes Licht wie Bienen, hören keinen Ultraschall wie Delfine, riechen schlechter als Fliegen, schmecken weniger als Aale. Noch weniger können wir uns mit der Fähigkeit der Klapperschlangen messen, die schon minimale Wärmeunterschiede fühlen und geringste Erschütterungen spüren können. Auch viele weitere physikalische Informationen wie Röntgenstrahlungen, elektromagnetische Strahlung, Gravitation und Magnetismus bleiben unserer Wahrnehmung verborgen.

Die Grenzen unserer bewussten Wahrnehmung

Von diesen 11 Mio. Informationseinheiten nehmen wir nur ca. 200 bewusst war. Das entspricht ungefähr der Datenmenge an Information, die wir brauchen, um uns 7 verschiedene Ziffern zu merken. Diese Grenzgröße bewusster menschlicher Wahrnehmungsfähigkeit ist wesentlich, wenn es um Informationsvermittlung geht. Das „seven phenomenon” erkannte schon John Locke vor über 300 Jahren, als er das Auffassungsvermögen eines Erwachsenen untersuchte. Er stellte fest, dass Testpersonen, die eine größere Anzahl von Gegenständen einen kurzen Augenblick lang sehen und sich anschließend an diese erinnern müssen, bei bis zu sieben

Objekten eine Trefferquote von fast 100 Prozent haben. Bei mehr als sieben Gegenständen kommt es zu einem schlagartigen Abfall der Quote. Bekannt wurde dieses Phänomen durch den Psychologen George A. Miller. Er bewies in Studien, dass ein Mensch gleichzeitig nur 7 ± 2 Informationseinheiten (Chunks) im Kurzzeitgedächtnis präsent halten kann. Die Größe des Kurzzeitgedächtnisses ist genetisch festgelegt und kann auch durch Training nicht gesteigert werden. Der Rest der Informationen bleibt in unseren Wahrnehmungsfiltern hängen. Informationen werden getilgt, verzerrt, mit Erinnerungen angereichert oder „verschwinden" zunächst in den Tiefen unseres Unterbewusstseins. So bleibt von der Realität letztlich nur ein begrenztes Bild der persönlichen Wirklichkeit übrig. Selbst wenn Ihr Zwillingsgeschwister die gleiche Situation erleben würde: Ihre Wirklichkeit ist exklusiv! Sie ist niemals deckungsgleich mit der Wirklichkeit eines anderen Menschen. Wirklichkeit ist reine Kopf- und Bauchsache, wie Sie noch erfahren werden! Folgende Grafik veranschaulicht diesen Sachverhalt:

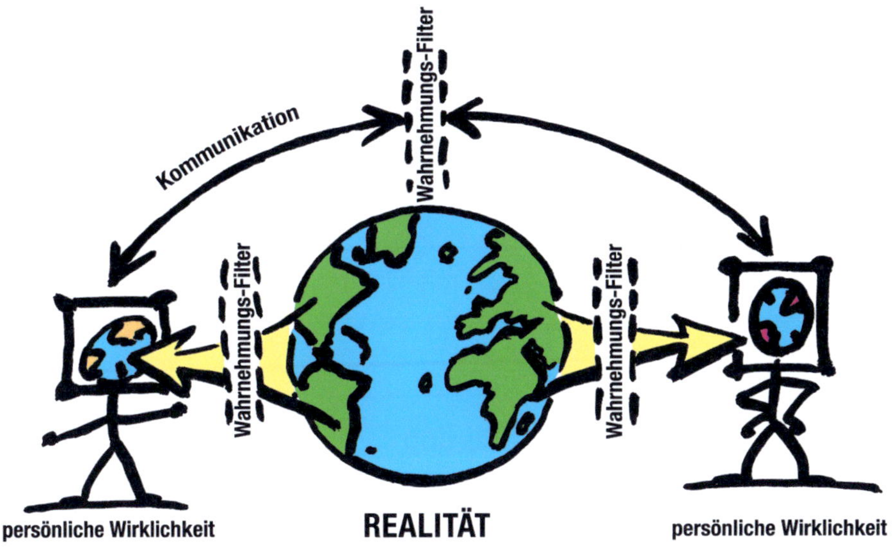

Werbung erzielt dann die größte Wirkung, wenn Sie sich auf die Wirklichkeit ihrer Zielgruppe einstellt.

„Der Köder muss dem Fisch, nicht dem Angler schmecken"

Diese Metapher mit dem Köder klingt nicht nach gewaltfreier Kommunikation mit Gewinnpotenzial für den Umworbenen, bringt es aber auf den Punkt: Sie als Werbender müssen sich auf den Umworbenen einstellen. Sie müssen das Modell der Wahrnehmungsfilter verstehen. Denn diese Filter entscheiden darüber, was wir verstehen, ob und wie wir handeln oder was zunächst nur im Unterbewusstsein Spuren hinterlässt.

Paul Watzlawick formulierte es treffend:

„Wir können nicht nicht kommunizieren".

Unser Schweigen hat genauso eine Bedeutung für unser Gegenüber wie ein ausgesprochener Wunsch. Ein misslungener Prospekt wirkt manchmal mehr als ein gelungener – nur nicht so wie gewünscht. Das Wissen um persönlich-individuelle Weltbilder ist unser Schlüssel für erfolgreichere Kommunikation. So steigt die Chance, dass unsere (Werbe)Botschaften die Filter passieren und direkt eine Wirkung erzielen. Das erklärt auch, warum manchmal viele Botschaften nötig sind. Denn steter Tropfen höhlt den Stein – Wiederholung von Reizen verändert unsere Wahrnehmungsfilter. Es erklärt, warum besonders starke Reize mit Relevanz wie ein Blitz in unser Bewusstsein einschlagen und alle Wahrnehmungsfilter passieren. Aber ob Werbeaktionen mit Blitz und Donner nur gewünschte Reaktionen auslösen, sei schon jetzt einmal an dieser Stelle in Frage gestellt.

Tilgung, Verzerrung, Generalisierung

Wie also können Sie Ihre Kommunikation verbessern? Machen Sie es sich gedanklich zur Routine, Ihre Botschaften zu überprüfen. Welche Anteile werden von Ihrer Zielgruppe sehr wahrscheinlich nicht bewusst wahrgenommen? Welche werden verzerrt (denken Sie an das Beispiel mit der lila Kuh, die nicht für Milch, sondern für Schokolade steht)? Welche werden generalisiert (Bacardi-Trinker feiern tolle Partys mit attraktiven Menschen)? Gelungene Kommunikation in der Werbung ist das Spiel mit persönlichen Wahrnehmungsfiltern, also mit den persönlichen Wirklichkeiten. So spielt Werbung mit Scheinwelten, genauso wie „normale“ Kommunikation auch! Wir unterhalten uns niemals über die Realität, sondern immer nur über unsere persönliche Wirklichkeit, ob wir wollen oder nicht! Die objektive, „echte“ Welt bleibt unseren Sinnen immer verborgen – wenn es sie überhaupt gibt. Aber diese philosophische Frage ist nicht Thema dieses Leitfadens.

Reflektion über Filter:

Machen Sie sich jetzt Gedanken über Ihre persönlichen Wahrnehmungsfilter:

> Was wissen Sie über die blinden Flecken Ihrer Wahrnehmung?

> Was bedeutet das bei der Kommunikation mit anderen?

> Haben Ihre Vorlieben und Abneigungen vielleicht etwas mit Ihren Filtern zu tun?

Kommunikation ist selten Selbstzweck

Seien wir ehrlich: Kommunikation ist das Spiel mit den persönlichen Wirklichkeiten, ist ein Spiel mit Manipulationspotenzial. Und es ist ein alltägliches Spiel, das zum Leben gehört. Denn mit fast allem, was wir sagen und tun, verbinden wir eine bewusste oder unbewusste Absicht: Wir möchten andere für uns gewinnen oder von uns fernhalten. Wir möchten, dass unsere Bedürfnisse erfüllt werden. Wir möchten uns das Leben vereinfachen. Wir möchten uns gut fühlen. Wir möchten dazulernen. Wir möchten verkaufen. Wir möchten Geld verdienen. Wir möchten uns die Zeit vertreiben. Sie sehen:

Kommunikation verbindet uns und ist mächtig.
Seien Sie sich dieser Verantwortung bewusst.

Bedenken Sie deshalb folgende Dinge:

- Kommunikation setzt bewusst oder unbewusst eine Reaktionskette in Gang.
- Die Qualität der Kommunikation zeigt sich an der Reaktion, die erfolgt.
- Schon ein Wort kann Menschen ermutigen oder entmutigen.
- Kommunikation verändert Ansichten und Beziehungen – und so auch Menschen.
- Wirkungsvolle Kommunikation ist erlernbar.
- Gute Kommunikation ist immer SINNlich – spricht Kopf, Herz und Bauch an.
- Kommunikation ist mehr als Inhaltsvermittlung – es geht um Befindlichkeit, Beziehung und Reaktion.

Ich habe Ihnen im Vorwort versprochen, der rote Fisch ist ein Arbeitsbuch. Sie profitieren davon, wenn Sie die Übungen, die nun folgen, nicht nur in Gedanken, sondern mit Stift und Papier machen und wenn möglich, auf ein konkretes Projekt anwenden.

Versetzen Sie sich in die Wirklichkeit Ihrer Zielgruppe:

Beschreiben Sie in wenigen Sätzen, welchen Platz Ihre Botschaft oder Ihr Produkt in der Wirklichkeit Ihrer Zielgruppe einnehmen soll. Hilfreiche Fragen dazu sind:

- In welchen inhaltlichen Zusammenhängen sollte die Botschaft/ das Produkt „abgespeichert" werden?

- Welche anderen Schlüsselreize aktivieren die Erinnerung an diese Zusammenhänge?

- Welche Gefühle, welche Bilder sollten mit der Botschaft/dem Produkt verknüpft werden?

- Welche rationalen Argumente sollten mit der Botschaft/dem Produkt verknüpft werden?

- Welche negativen Gefühle könnte die Botschaft/das Produkt auslösen?

- In welcher Stimmung erscheint die Botschaft/das Produkt besonders attraktiv?

Nehmen Sie sich ein altes Werbeprojekt vor.

- Welche Dinge Ihrer Werbung würden Sie mit dem neuen Wissen nun unbedingt verändern?
  Denken Sie dabei konkret an den Inhalt, das Layout, die Farben und die Bildmotive.

- Welche neue(n) Idee(n) kommen Ihnen spontan in den Sinn?

Das Eisbergmodell der Wirkung

Wir wissen weitaus weniger, als wir denken

Das Verhältnis zwischen bewusstem und unbewusstem Anteil unserer Wahrnehmung lässt sich am Beispiel eines Eisbergs gut veranschaulichen, denn wie Sie nun schon wissen, ist uns nur ein kleiner Teil unserer Wahrnehmungen bewusst.

Ähnliches gilt für unsere Kommunikation. Egal ob wir Sender oder Empfänger von Botschaften sind, der bewusste Anteil unserer Kommunikation ist recht gering, ist nur die Spitze des Eisbergs. Bewusst „senden" und „empfangen" wir meist nur den Inhaltsaspekt einer Botschaft. Unsere Gestik, unsere Stimmmelodie, unsere Mimik ist zu einem großen Maß situations-, beziehungs- und persönlichkeitsgeprägt und meist gesteuert von unserem Unterbewusstsein. Gerade für diesen Anteil der Kommunikation haben Menschen ein gutes Gespür. So merken wir schnell, ob jemand authentisch auftritt, ob jemand wirklich das vertritt, was er sagt oder ob er uns etwas vormachen möchte. Kein Wunder, dass Menschen intuitiv die Qualität der Kommunikation folgendermaßen bewerten:

- 7% Prozent Sprache (Wortwahl, Inhalt)
- 55% visueller Eindruck (Körpersprache, Mimik, Kleidung)
- 38% Sprachmelodie (Tempo, Lautstärke, Klangfärbung)

Es macht Sinn, den Dingen mehr Glauben zu schenken, die weniger bewusst gesteuert und damit manipuliert werden können. Nicht von ungefähr machen wir uns den ersten Eindruck intuitiv in Millisekunden.

Kommunikation, die ankommt

Übertragen wir dieses Wissen nun auf die visuelle und mediale Kommunikation und auf gelungene Werbung.

Wenn wir uns nur auf den sachlichen Aspekt einer Botschaft konzentrieren, vergeben wir viele kommunikative Möglichkeiten – und vergessen Bedürfnisse. Wir müssen als Gestalter und Werber in der Lage sein, das Unterbewusstsein der Zielgruppe anzusprechen. Wir müssen in der Lage sein Stimmungen zu erzeugen, die dem visuellen Eindruck und der Sprachmelodie eines Vortragenden entsprechen, um maximale Wirkung zu erzielen. Sie kennen dieses Gefühl gut: Ein spannendes Buch, ein toller Film, eine beeindruckende Architektur, eine ergreifende Musik ziehen einen in Bann. Man ist in einer Welt jenseits der Daten, Zahlen und Fakten. Unser Unterbewusstsein ist dann gefüllt mit Gefühlen und Erinnerungen. Das fesselt uns. Wer gefesselt ist, kann nicht mehr frei entscheiden: Er ist gebannt. Er erliegt dem „Zauber" der Geschichte. Das zeigt die magische Wirkung, die gute Kommunikation haben kann.

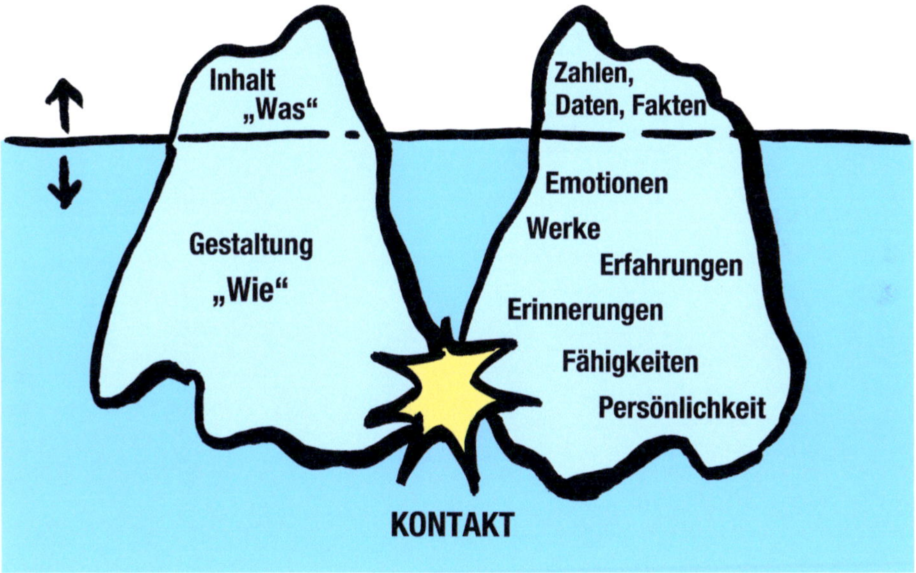

Werbewirkung verpufft

Und nun beurteilen Sie unter diesem Aspekt Plakate, Flyer, Internetseiten, Werbespots u. Ä. Wie geht es Ihnen, sind Sie ergriffen, berührt? Werden Sie von dieser Art der Kommunikation in den Bann gezogen, erliegen Sie der Magie der Worte? Wahrscheinlich nicht. Werbung wird zum großen Teil als gewohntes und banales Informationsrauschen wahrgenommen. Und selbst wenn eine Werbung zwischendurch auf Sie wirkt, sind Sie meist einfach zu „satt“ – einfach zu werbemüde. Wir reagieren meist nicht, wie vom Werbetreibenden gewünscht! Zuviel ist zuviel: Sie lesen auch keine fünf Bücher direkt hintereinander, auch wenn sie noch so spannend sind. Oder doch? So ist der Ausspruch von Henry Ford,

> ***„Die Hälfte der Werbung ist hinausgeschmissenes Geld, aber leider weiß man nicht welche Hälfte.“***

in unserer heutigen Kommunikations- und Konsumgesellschaft schon längst nicht mehr stimmig. Die Wirkung von medialer Werbung liegt im Promillebereich, die meisten Werbeimpulse gehen in der Flut der Informationsreize unter.

Wie kann Werbung gelingen?

Dazu eine kurze Reflektion:

> Welche 3 Werbungen sind Ihnen in letzter Zeit in Erinnerung geblieben? Was waren die Gründe/Umstände dafür?

> Welche Ihrer letzten Kaufentscheidungen war von der Werbung beeinflusst? Was war letztendlich der Auslöser für Ihre Entscheidung?

> Kennen Sie die Werbung von den Dingen, die Sie immer wieder einkaufen?

> Wie sieht bei Ihnen persönlich die Ursache-Wirkungs-Kette zwischen Werbereiz und Kaufimpuls grundsätzlich aus?

Wahrscheinlich geht es Ihnen wie den meisten. Ihnen gefällt eine Werbung, z. B. ein Spot über ein bestimmtes Auto, Sie erinnern sich an die Story und den visuellen Eindruck – wissen aber später gefragt, nicht um welches Modell es sich gehandelt hat. Selbst wenn die Entscheidung für ein neues Auto anstehen würde, beeinflusst Sie dieser Spot nur sehr bedingt. Andere Faktoren sind wichtiger. Ihnen wird es so gehen, wie den meisten Verbrauchern: Sie kaufen die Mehrzahl der Produkte unabhängig davon, ob Sie die Werbung kennen oder nicht. So ist es nicht verwunderlich, dass sich weit über die Hälfte aller Befragten, weitgehend immun gegen Werbereize halten. Doch nun kommt ein Aber …

Werbung wirkt doch

Kann es nicht sein, dass Sie unbewusst doch auf Werbung reagieren? Machen wir es nochmals am Beispiel des Autokaufs deutlich (übrigens gilt das auch für den Kauf eines Gebrauchten). Sie haben einen bestimmten Lebensstil, leben in einem bestimmten Umfeld, haben Ihre Vorlieben und Traditionen. Sie leben Ihren Stil. Alle Ihre Verhaltensweisen, Eigenschaften und Meinungen können Sie mit Etiketten vergleichen, die Sie sich angeheftet haben – oder angeheftet bekommen haben. Ihr „Etikettensatz" charakterisiert Sie: Machen wir es anschaulich:

- Der eine trägt Etiketten wie
  „Naturliebhaber", „ungebunden", „locker", „Lebenskünstler"

- Der andere trägt Etiketten wie
  „Macher", „dynamisch", „selbstbewusst", „erfolgreich"

- Noch ein anderer trägt Etiketten wie
  „Denker", „Kunstliebhaber", „Ästhet", „bewusst"

Lassen Sie diese Etiketten auf sich wirken und denken nun an bestimmte Automarken und Modelle. Sicherlich finden Sie in Ihrer Vorstellung zu jedem „Etikettensatz" passende oder unpassende Fahrzeuge. Erfolgreiches Marketing, gelungene Werbung spielt bewusst mit diesen Etiketten und Sie reagieren unbewusst auf dieses Spiel. Sowohl die Produkte als auch die Werbung werden bewusst etikettiert. Wenn nun Ihre Etiketten mit den Etiketten der Werbung in hoffentlich positive Resonanz kommen, wirkt die Werbung auf Sie. Oft nicht sofort, aber mittel- und langfristig durchaus. So wird eine bestimmte Kaufentscheidung beeinflusst. Vorausgesetzt natürlich, Sie haben Bedarf und die nötigen finanziellen Mittel. Jetzt denken Sie bitte nochmals an Ihre letzten Kaufentscheidungen. Passten Ihre Kaufentscheidungen zu Ihrer persönlichen Etikettierung, spürten Sie die Resonanz zu dem Produkt?

Übrigens ist Resonanz das Grundprinzip für stabile Beziehungen. Sind Kunde und Produkt in Resonanz, verzeiht der Kunde selbst Schwächen des Produkts – z. B. die Reparaturanfälligkeit und den starken Wertverlust bestimmter exklusiver Automarken. Für manche Kunden ist das Etikett „Exklusivität“ weitaus wichtiger als „Zuverlässigkeit“ und „Wirtschaftlichkeit“. Die Metapher mit dem Etikett ist deshalb treffend, weil Etiketten für Äußerlichkeiten und Veränderbarkeit stehen. Etiketten symbolisieren mehr unser Image als unseren Persönlichkeitskern. Mancher Einkauf dient dementsprechend der Imagepflege. Zeige mir, was du hast, und ich sage dir, wer du bist! Diesem Versprechen der Werbung erliegen nicht wenige Konsumenten.

Emotionalität als Türöffner

Treiben wir die Metapher mit den Eisbergen noch weiter. Der „Resonanzanteil“ der Kommunikation liegt unter der Oberfläche. So kann der sachliche Inhalt noch nicht angekommen sein (die Eisbergspitzen sind noch von cinander entfernt) und doch hat eine Berührung schon unter der Oberfläche stattgefunden.

Denken Sie deshalb, wenn es um Ihre werbliche Kommunikation geht, mehr an das Unbewusste als an das Offensichtliche. Tauchen Sie ab unter die Wasserlinie Ihrer Kommunikation und schauen Sie, was im Verborgenen passiert. Das ist angewandte Werbepsychologie. Eine Regel der Werbung lautet:

Die erste Emotion, der erste Eindruck entscheidet darüber, ob weitergelesen wird! Deshalb muss zuerst die emotionale Ansprache stimmen, bevor es um Fakten geht!

Dabei ist das passende Maß der Emotionalität natürlich stark von der Persönlichkeit und den Vorerfahrungen des Angesprochenen abhängig. Je nach Kontext, Werbemedium, Zielgruppe sowie Produkt oder Dienstleistung müssen Sie die Ansprache passend justieren. Verschiedene „Typen" erwarten eine unterschiedliche Art der Ansprache. Der eine mag es verspielt, ein anderer seriös, wieder ein anderer frech und unterhaltsam. Je zielgerichteter die Ansprache, umso mehr wird der Angesprochene in Resonanz gehen.

Die Qualiät Ihrer Kommunikation misst sich am Ergebnis, nicht an dem, was Sie sagen wollen.

Kommunizieren Sie über oder unter der Wasserlinie?

> Analysieren Sie Text, Bild und Layout gleichermaßen

> Passt diese Mischung aus Inhalt und Emotionalität?

> Wenn notwendig justieren Sie die Texte, Bilder und das Layout

Der Beworbene im Visier der Wissenschaft

An dieser Stelle einige Gedanken zu dem teuer verkauften Trend „Brainmarketing oder Neuromarketing" – einem scheinbar ultimativen Werkzeug, um dem Konsumenten mittels hochmodernen Hirnscannern in den Kopf (Brainview) zu schauen, mit dem Ziel Werbebotschaften strategisch platzieren zu können. Genauer betrachtet ist dieses ein Etikettenmodell auf der Grundlage der Wissenschaft. Beim Betrachten einer Werbung wird die Aktivität in bestimmten Regionen des Gehirns mit dem Kaufimpuls in Beziehung gesetzt. Es wird gemessen, ob der Angesprochene mit dem Beworbenen in Resonanz geht. Bestimmten Gehirnarealen werden bestimmte Gefühle zugeordnet. Die Wissenschaft kommt hier zu immer detaillierteren Kenntnissen und mancher renommierte Wissenschaftler (besonders einer, der Neuromarketing nicht teuer verkaufen möchte) kommt zu dem Schluss

„Je mehr ich weiß, desto mehr weiß ich, dass ich nichts weiß ...“

Die Erkenntnisse sind aber durchaus interessant: z. B. ist die alte Ansicht, dass wir den drei Gehirnregionen Hirnstamm, Zwischenhirn und Großhirn bestimmte Muster zuordnen können, widerlegt. Alle unsere Gehirnregionen sind hochkomplex vernetzt. Das Gleiche gilt auch für die Theorien rund um das Links- und Rechtshirn-Denken, bei denen die rechte Gehirnregion für die Intuition und die linke Region für den Intellekt steht. Interessant sind neueste Erkenntnisse, dass gerade unser Darm (er enthält 4 bis 5 mal mehr Nervenzellen als unser Rückenmark!) großen Einfluss auf unsere Psyche hat. *„Liebe geht durch den Magen“* können wir heute wissenschaftlich untermauern.

Nun zurück zum Neuromarketing und den Schlussfolgerungen daraus: Abenteurer, Kämpfer, Bewahrer, Männer, Frauen, Kinder u.s.w. reagieren auf bestimmte Werbung, auf bestimmte Geschichten, auf bestimmte Töne und Farben unterschiedlich. Je nach Typ und Persönlichkeit sind bei den gleichen Reizen Gehirnareale aktiv oder inaktiv. Ein ruhiger, besonnener „Bewahrer“ zeigt weniger Reaktionen auf das Bild eines rassigen Lamborginis als ein dynamischer „Kämpfer“; ein „Abenteurer“ reagiert stärker auf einen verdreckten Landrover in Schräglage als auf das Foto eines Kleinwagens für die Stadt. Ohne Zweifel sind psychologische und neuronale Forschungen und die daraus entwickelten Modelle interessant. Sie helfen uns, die menschliche Wahrnehmung und die Reaktionen besser zu verstehen. Aber Modelle sind und bleiben Modelle. Und es liegt in der Natur der Dinge, dass Modelle widerlegt und überarbeitet werden. Wenn Sie

Spaß daran haben, lassen Sie sich auf Modelle ein und vergleichen Sie diese mit Ihren Erfahrungen. Modelle werden Ihr Gespür für Wahrnehmung und verschiedene Menschen schärfen. Modelle können Gedanken strukturieren, aber hüten Sie sich davor, Modellen aller Art blind zu vertrauen – vor allem den Modellen, die einen glauben machen, nun Menschen endlich verstehen zu können. Mit Intuition, Empathie, Kreativität, Menschenkenntnis und der Bereitschaft zuzuhören kommt man in der Praxis oft ähnlich weit im Marketing – auf jeden Fall mit geringeren Investitionen.

Ein Wort zu Typologien

Ähnliches gilt für Typologien, die im Umfeld der Personalentwicklung und im Bereich der Kommunikation eingesetzt werden. Schon die Griechen kannten vier verschiedene Temperamente. Sie unterschieden den Choleriker (der schnell aus der Haut fährt), den Melancholiker (den zu Traurigkeit neigenden Nachdenklichen), den Sanguiniker (der leicht erregbare „Zappler"), den Phlegmatiker (der gemütlich Antriebslose). Diese Bezeichnungen haben noch heute eine Bedeutung und jeder hat einen bestimmten Typ vor Augen, wenn z. B. gesagt wird „Herr Maier ist ein Choleriker".

Über 2000 Jahre später hat dieses 4-teilige Modell Konkurrenz bekommen. Die heute am besten vermarkteten und gebräuchlichen Typ-Analyse Instrumente sind:

- Struktogramm (Biostrukturanalyse)
- MBTI (Myers-Briggs-Typen-Indikator)
- GPOP (Golden Profiler of Personality, eine neuere Form des MBTI)
- DISG (Dominant, Initiativ, Stetig, Gewissenhaft)
- Insights MDI
- HBDI (Hermann Brain Dominance Instrument)
- Das Enneagramm

An dieser Stelle nachfolgend einige kurze Erklärungen zu diesen Modellen.

Bei der Biostrukturanalyse bzw. im Struktogramm wird der Mensch in drei „Farb-Typen“ eingeteilt. ROT, GRÜN und BLAU. Diese Farben kennzeichnen dabei verschiedene Areale im Gehirn (Zwischenhirn, Stammhirn, Großhirn). Sie werden mit bestimmten Eigenschaften verknüpft, z. B. Ärmel hochkrempelnd (rot), planend (blau) oder einfühlsam, instinktgesteuert (grün). Mit einem Test wird festgestellt, in welchem Teil des Gehirns bei bestimmten Reizen verstärkt Aktivitäten auftreten.

Beim Modell MBTI wird analysiert, auf welche Weise Informationen aufgenommen und Entscheidungen getroffen werden (bewusst – unbewusst, fühlend – denkend …).

GPOP ist ein Instrument, das sich auf die Selbstbeschreibung von bestimmten Persönlichkeitsmerkmalen begründet (direkt, gesellig, herrisch, impulsiv ...).

Die Abkürzung DISG steht für die vier Grundtendenzen des Verhaltens (D = Dominant, I = Initiativ, S = Stetig, G = Gewissenhaft). Nach dem DISG-Modell ist die Persönlichkeit eine Funktion einer Wahrnehmung und Reaktion einer Person auf die jeweilige Lebenssituation.

INSIGHTS MDI® besteht aus vier großen Komplexen, die menschliches Verhalten umfassend analysieren und erklären: Es geht um Kompetenzen, Verhaltensweisen, Anforderungen der Situation und Handlungsmotive. Das Modell unterscheidet 8 Verhaltenstypen, die in 60 Untertypen differenziert werden können.

Die Insights MDI Analysetools identifizieren den bevorzugten Ansatz einer Person bezüglich ihres Denkstils, z.B. intuitiv, analytisch, strukturell und strategisch.

Das Enneagramm fokussiert auf das Wertesystem eines Menschen und die daraus folgenden Ansichten und Einstellungen, die dazu führen, dass die Person bestimmte Prioritäten setzt, bestimmte Verhaltensmuster lebt und auf eine bestimmte Art kommuniziert.

Diese Modelle haben alle einen wahren Kern, aber die wissenschaftlichen Studien zu ihrer Wirksamkeit bleiben nicht unwidersprochen. Manche der wissenschaftlichen Erklärungen für die Wirksamkeit sind zwischenzeitlich sogar widerlegt. So lassen sich bestimmte Denkvorgänge zum Beispiel nicht so eindeutig bestimmten Gehirnarealen zugeordnen wie früher angenommen. Das Gehirn arbeitet weitaus vernetzter. Heute weiß man, dass sogar der Darm und andere Körperregionen mitdenken.

Kein Wunder, dass deshalb auch ein gelassener Buchhalter ein Faible für Sportwagen haben und der Abenteurer Geländewagen hassen kann. Diese Modelle bieten eine anschauliche Erklärung für die statistische Häufung von Eigenschaften. Sie können durchaus dazu dienen, die Kommunikation präziser zu gestalten und mehr Wirkung zu erzielen. Wer schneller erkennt, welchen Typ er vor sich hat, kann sich besser auf sein Gegenüber einstellen. Aber diese Modelle fördern zugleich das Schubladendenken und verführen dazu, weniger auf die eigene unvoreingenommene Wahrnehmung zu vertrauen. Wir Menschen haben von Natur aus ein gesundes Maß an Menschenkenntnis „mitbekommen". Ohne diese Fähigkeit könnten wir nicht überleben. Die Spiegelneuronen unseres Nervensystems ermöglichen es uns, mit anderen intuitiv Verbindungen zu knüpfen und ein Gespür für den anderen zu entwickeln. Empathie ist uns angeboren!

Menschen aufgrund von Modellen in Typklassen einzuordnen und dann die Marketing und Kommunikationsstrategie darauf abzustimmen, kann in die Irre führen. Erwarten Sie von Brainview und Co., von Typ-Analysen, nicht zuviel: Auch die Werbung für diese „Werkzeuge" möchte Sie verführen!

Kunden- und Interessentenprofile

Zunehmend an Bedeutung gewinnen Profile, die auf der Auswertung des Konsumentenverhaltens beruhen. Gerade im Bereich Internetmarketing ist dies die Grundlage erfolgreicher Marketingstrategie. Ziel ist es, potenziellen Kunden nur die Werbeinhalte zu präsentieren, an denen sie wirkliches Interesse haben.

Die Spuren, die wir durch unser Such- und Konsumverhalten hinterlassen, werden dafür genutzt, uns zu weiterem Konsum zu verführen.

Alle berechtigten Datenschutzaspekte einmal beseite geschoben: Diese Strategie ist erfolgreich. Das Konsumentenverhalten im Gesamten lässt sich, wenn genügend Daten vorliegen, mit intelligenten Algorithmen mathematisch zum Teil entschlüsseln. Der Konsument wird statistisch gesehen gläsern – der Einzelne kann sich aber entgegen der Statistik völlig anders verhalten. Ein Beispiel: Wer im Jahr 10 Krimis kauft, wird ziemlich sicher auch einen 11ten kaufen, wenn dieser entsprechend beworben wird! Ein Teil des Erfolges z. B. von Amazon beruht auf den personalisierten Werbeempfehlungen. Daten zum Kaufverhalten werden immer wichtiger. Immer mehr Geld wird investiert, Daten abzufischen und auszuwerten. Dies ist die Marketingstrategie der „Großen". Die „Kleinen" können davon lernen, dass es wichtig ist, die Fragen und Bedürfnisse potenzieller Interessenten und Kunden ernst zu nehmen und so ihre Verbraucherwelt zu verstehen. So fühlt sich der potenzielle Kunde verstanden. Wenn es dann noch gelingt, keinen als unangenehm empfundenen Werbedruck aufzubauen, sondern dem Verbraucher das Gefühl der Entscheidungsfreiheit zu geben, geht das werbepsychologisch fundierte Konzept auf. Dem Thema Werbung ohne Druck widmen wir gleich ein eigenes Kapitel.

Ihre Wunschkunden

Charakterisieren Sie einmal mit Eigenschaftswörtern Ihre besten Kunden.

Kann es sein, dass Sie dabei Gemeinsamkeiten entdecken? Sicherlich. Deshalb richten Sie künftig Ihre Werbung an diesem „Etikettensatz", an Eigenschaften und Verhaltensweisen aus.

Vom Werbeimpuls zur Reaktion

Im Fokus der Werbung stehen unsere Bedürfnisse

Das Wissen über menschliche Bedürfnisse ist der Schlüssel für erfolgreiche Werbung. Denn so grundverschieden die menschlichen Individuen auch sind, wir alle haben Gemeinsamkeiten. Je existenzieller die Bedürfnisse sind, umso gleicher sind wir. Wir alle (selbst Masochisten!) wollen ein gutes Leben führen, wir wollen nicht hungern, wollen unangenehmen Schmerz vermeiden. Wir alle haben ein Bedürfnis nach Schutz, nach Liebe und Anerkennung. Betrachten wir die Strategien, die wir verfolgen, um unsere Bedürfnisse zu erfüllen, mit etwas Abstand: Dann fällt auf, dass wir bestimmte Bedürfnisse vorschieben, um tiefere Bedürfnisse – die uns manchmal vielleicht nicht einmal bewusst sind – zu erfüllen. So kann hinter dem Bedürfnis nach einem schicken Auto das Bedürfnis nach Anerkennung stecken. Warum räkeln sich leicht bekleidete Damen auf einer Motorhaube? Vorgeschobene Bedürfnisse anzusprechen und zu visualisieren ist in der Werbung weit verbreitet – manchmal platt, manchmal subtil.

Weg vom Schmerz, hin zum Angenehmen

Sie wissen jetzt, wie wichtig ein emotionaler Bezug zur Werbebotschaft ist. Aber schauen wir doch genauer hin! Ob Werbung nämlich tatsächlich eine Reaktion auslöst, hängt ganz entscheidend von unseren Bedürfnissen ab. Definieren wir zunächst, was ein Bedürfnis überhaupt ist:

> ***Ein Bedürfnis ist das Verlangen oder der Wunsch, einen empfundenen oder tatsächlichen Mangel zu beheben.***

Ein Bedürfnis kann vieles sein: z. B. ein Existenzbedürfnis (Nahrung, Schutz etc.), ein Grundbedürfnis (Zuwendung, Bildung, etc.), ein Luxusbedürfnis (Schmuck, Hobbys, etc.). Je nach Kultur und Gesellschaft sind hier die Übergänge fließend. Was für manchen Luxus ist, ist für den anderen schon unabdingbar! Bedürfnisse können materiell und immateriell sein. Es gibt Bedürfnisse, die ich für mich alleine befriedigen kann (z. B. essen), für andere brauche ich die Gemeinschaft (z. B. Familienglück) oder wie es in dem Lied von Max Rabe so schön heißt ***„Küssen kann man nicht alleine"***. Manche Bedürfnise sind allgemein verständlich, manche sind ein schwer zu verstehender Spleen. Aber nicht für denjenigen, der den Spleen hat – für denjenigen ist er unter Umständen ein existenzielles Bedürfnis.

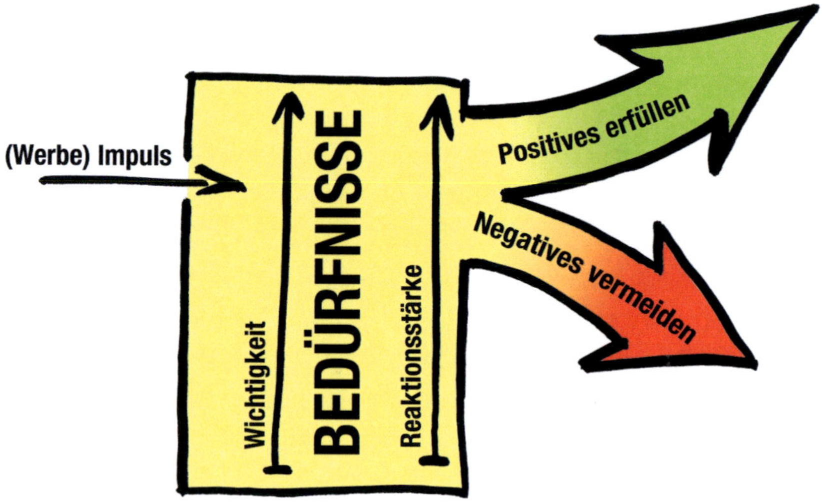

Meist werden Bedürfnisse in der Werbung mit einem (vermeintlichen) Nutzen verknüpft: Es wird uns versprochen, dass wir mit dem Erwerb und Besitz des Beworbenen reicher, schöner, glücklicher werden, Sicherheit und Freunde gewinnen und vieles mehr.

Ob dieses tatsächlich so eintreffen wird, ist weniger wichtig! Es zählt, was der Umworbene glaubt. Die Hoffnung in der persönlichen Wirklichkeit des Umworbenen entscheidet! Anschaulich wird dieser Zusammenhang zwischen verschiedenen Bedürfnissen und entsprechenden Handlungsimpulsen, wenn die Bedürfnismodelle des Ökonomen Manfred Max-Neff und des Psychologen Abraham Maslow kombiniert werden.

Die wichtigsten menschlichen Bedürfnisse sind:

- Überleben, Subsistenz
- Schutz, Sicherheit
- Zuwendung, Geborgenheit
- Verständnis, Dialog
- Gemeinschaft
- Muße, Entspannung, Spiel
- Kreativität, Entwicklung
- Anerkennung, Stolz
- Selbstverwirklichung
- Identität, Individualität
- Freiheit, Eigenständigkeit
- Entwicklung, Wachstum
- Spiritualität, Sinn

Ein Blick auf die Auflistung zeigt, dass nur die Existenzbedürfnisse komplett gestillt werden können – und das auch nur solange bis der „Hunger“ wiederkommt. Von Anerkennung dagegen können die meisten nie genug bekommen, von Leitungswasser durchaus.

> ***„Fokussieren Sie sich mit Ihrer Werbung auf ein vorhandenes Bedürfnis Ihrer Zielgruppe. Das ist leichter als ein neues Bedürfnis zu wecken.“***

Das Marketing und die Werbung sind aber nicht nur darauf ausgelegt Bedürfnisse zu erkennen und zu erfüllen, sondern auch Bedürfnisse erst zu wecken. Ein noch besseres Auto, ein Yoghurt, das noch gesünder ist, ein Urlaubsort, der ganz besonders erholsam ist. Verdeutlichen wir diese Strategie und Entwicklung bei der Einführung eines Trendsportgerätes, dem Mountainbike. Davor ist man Fahrrad oder Rennrad gefahren. Mit dem Aufkommen des Mountainbikes sind Sekundärbedürfnisse geweckt worden, spezielle Sportveranstaltungen, spezielle Wege, spezielle Urlaubsreisen u. Ä. An viele dieser Sekundärbedürfnisse wurde am Anfang sicherlich nicht gedacht. So ist es oft lohnend auf einen Trend aufzuspringen und diesen

Trend weiterzudenken. Bedürfnisse können mit anderen dazu passenden Bedürfnissen „angereichert“ werden, um ein noch verführerisches „Bedürfnispaket“ zu schnüren. Ganz in Sinne von

„Darf's noch ein bisschen mehr sein?“

Wie es gelingt Sekundärbedürfnisse mit Komplimentärbedürfnissen zusammenzubringen, können wir an folgendem Beispiel veranschaulichen:

Ein tolles Urlaubshotel mit vielen Möglichkeiten verführt zu Tagesausflügen, zum Kauf oder zur Miete einer Sportausrüstung, zum Geldausgeben an der Bar.

Es ist ähnlich wie beim Anfüttern von Fischen. Sind sie erst mal auf den Geschmack gekommen, möchten sie immer mehr – bis sie im Netz oder am Haken zappeln. Ziel des Marketings ist es, die Bedürfnisspirale immer weiter zu drehen. Ich habe Sie gewarnt: Gelungene Werbung nutzt die Macht der Kommunikation und das Wissen um Bedürfnisse, um Ziele zu erreichen. Als Werber und Gestalter tragen Sie dazu bei, dass Bedürfnisse geweckt und gestillt werden. Die Mittel von Greenpeace und Coca Cola sind ähnlich – nur der Zweck ist ein anderer, andere Bedürfnisse werden angesprochen.

Stellen Sie sich immer wieder die Frage: Bin ich bereit mit meiner Werbung zu verführen? Bin ich bereit die Folgen und die Verantwortung dafür zu tragen, wenn meine Werbung ankommt und die gewünschte Reaktion auslöst? Übrigens ein guter Nebeneffekt: Je mehr Sie sich mit Bedürfnissen beschäftigen, umso mehr werden Sie sich selbst als Konsument hinterfragen. Wer die Prinzipien der Verführungen kennt, gewinnt Freiheit. Er kann sich bewusst verführen lassen, aber er kann auch besser einer Verführung widerstehen. Ein interessanter Gedanke drängt sich damit auf. Wie funktioniert Werbung bei aufgeklärten Verbrauchern? Später dazu mehr.

Machen Sie den Bedürfnischeck

Welche Bedürfnisse erfüllen Ihre Angebote, Ihre Produkte, Ihre Dienstleistung, Ihre Botschaft?

- Stellt Ihre Werbung gezielt ein oder mehrere Bedürfnisse in den Vordergrund? Nutzen Sie dazu die Liste der verschiedenen Bedürfnisse und bewerten Sie diese mit Zahlen von 0 (überhaupt nicht) bis 5 (sehr stark).
- Mit welchen Veränderungen können Sie Bedürfnisse stärker ansprechen?
- Welches zusätzliche Bedürfnis konnte Ihr Angebot stillen?

Die Kraft unserer Bedürfnisse

Zum Schluss dieses Kapitels noch einige bemerkenswerte Gedanken darüber, welche große gestaltende Kraft Bedürfnisse auf unser Leben haben. Unsere Bedürfnisse drängen uns zu bestimmten Reaktionen, zu bestimmten Gedanken und zu einer selektiven Wahrnehmung. Wer sich ein Motorrad kaufen möchte, sieht plötzlich überall Motorräder – besonders diejenigen Modelle, mit denen er liebäugelt. Wer Nachwuchs erwartet, bemerkt dicke Bäuche und Kinderwägen. Wer auf Partnersuche ist, reagiert anders als derjenige, der in festen Händen ist. So verdienen es Bedürfnisse, nicht nur mit der Werbebrille betrachtet zu werden. Sich über seine eigenen Bedürfnisse klar zu werden hilft, die anderer besser zu verstehen. Wer seine Bedürfnisse kennt, versteht seine Handlungsmuster besser und übernimmt so Verantwortung für sich.

Es kann helfen der Werbung nicht auf den Leim zu gehen und sich nicht in der Medienwelt zu verlieren. Für Werbende sind kritische Verbraucher eine (hoffentlich) wachsende Zielgruppe!

Passend an dieser Stelle eine leicht angepasste Weisheit aus dem Talmud:

> ***„Achte auf Deine Wahrnehmung, denn sie bildet den Nährboden Deiner Kommunikation.***
>
> ***Achte auf Deine Kommunikation, denn sie bestimmt Deine Taten.***
>
> ***Achte auf Deine Taten, denn sie werden zu Deinen Gewohnheiten.***
>
> ***Achte auf Deine Gewohnheiten, denn sie bilden Deinen Charakter.***
>
> ***Achte auf Deinen Charakter, denn er entscheidet über Dein Schicksal."***

Werbung für kritische, aufgeklärte Verbraucher kann offen mit der Verführung spielen und muss intelligenter und humorvoller gestaltet werden. Damit kann mehr Authentizität und Ehrlichkeit Einzug halten. Von einem kritischen Konsumenten können Sie übrigens am meisten lernen. Das können Sie nutzen, um Ihr Angebot sowie Ihre Werbekommunikation passgenauer auszurichten.

Die Aspekte der Kommunikation

Das „Vier-Ohren-Modell“

Starten wir in dieses Kapitel mit einer Maxime:

> ***„Eine noch so einfache und banale Botschaft ist niemals eindeutig und kann unterschiedlich verstanden werden.“***

Machen wir es konkret am Beispiel des Satzes: „Testen Sie unser Angebot unverbindlich“.

Der potenzielle Kunden kann diesen Satz verstehen als:

Sachliche Information:
„Ich habe die Möglichkeit das Angebot zu testen.“

Appell, als Aufforderung:
„Ich soll das Angebot testen!“

Selbstoffenbarung des Anbieters:
„Der Anbieter möchte über das Testangebot verkaufen.“

Als Beziehungszustand zwischen Anbieter und potenziellem Käufer:
„Toll, dass ich mehr über das Angebot erfahren kann – passt es für mich?“

Alle Aspekte sind in dem einfachen Satz enthalten. Jeder Leser des Satzes interpretiert den Satz auf seine Weise – und wird entsprechend reagieren. Diese 4 Aspekte der Kommunikation beziehen sich auf das „Vier-Ohren-Modell“ von Friedemann Schulz von Thun. Das „Vier-Ohren-Modell“ ist ein anerkanntes Modell der Kommunikationspsychologie. Es erklärt viele Konflikte der Kommunikation und zeigt zugleich Lösungen für gelungene Verständigung auf. Es ist ein hervorragendes Analysewerkzeug für Werbekommunikation und zeigt Widersprüche zwischen Gemeintem und Verstandenem auf. Das macht deutlich, wie schnell sich Inhalt und optische Gestaltung einer Werbeaktion widersprechen können.

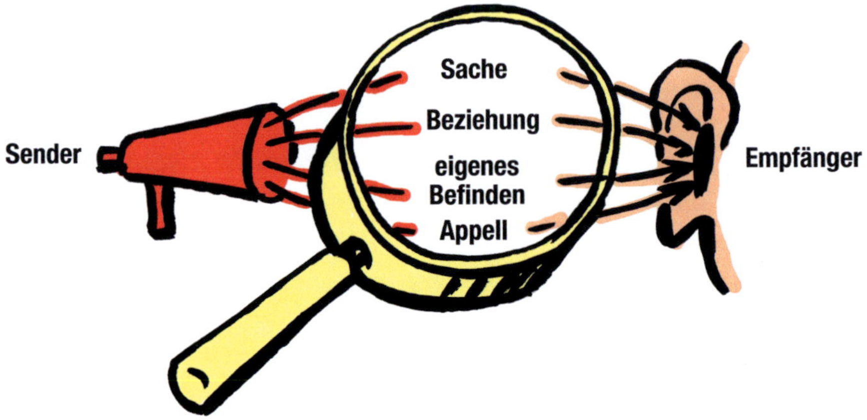

Die Grundlage guter Kommunikation

Für den Sender einer Botschaft gilt:

Bleiben Sie in Ihrer Kommunikation unbedingt eindeutig! Sowohl was den Inhalt anbetrifft als auch bei der Gestaltung und im persönlichen Gespräch! Ihre Mimik, Ihre Gestik und Ihre Sprachmelodie – das alles muss Ihre Botschaft eindeutig unterstützen! Lächelnd zu sagen, dass Sie ärgerlich sind, verwirrt. Und das Testangebot im Flyer zurückhaltend zu verstecken, widerspricht völlig dem Aufforderungscharakter.

Für den Empfänger einer Botschaft gilt:

Nutzen Sie Ihre Sinne aktiv um zu verstehen, was gemeint ist. Halten Sie alle vier Ohren offen – dann erkennen Sie, welche der vier Aspekte in der Botschaft gemeint sind. Wichtig dabei: Was lösen diese Aspekte in mir aus, welche Muster und Reaktionen werden bei mir aktiviert? Seien Sie nicht passiv: Spiegeln Sie Botschaften, geben Sie Rückmeldung und zeigen

Sie Reaktionen. Das geht nicht nur im persönlichen Dialog! So können Sie die Möglichkeiten moderner Medien nutzen, um Feedback zu geben. Aber Achtung, diese Art von bewusstem Umgang mit Botschaften hat Grenzen. Jedes Gespräch und jede Werbebotschaft als psychologische Interaktion mit tieferer Bedeutung zu sehen geht daneben. Sensibilität ist hilfreich, aber nicht immer. Ein Satz auf dem Fußballfeld bei Rückstand kurz vor dem Abpfiff ist anders zu bewerten als der gleiche Satz in einem Geschäftsbericht oder auf einer Party. Empathische Kommunikation heißt nicht, jedes Wort auf die Goldwaage zu legen! Kommunikation darf berühren, aber auch provozieren. Eventuelle Unstimmigkeiten können auch kommunikativ wieder geklärt werden. „Lauwarme" Kommunikation ist langweilig. Haben Sie den Mut zu sagen und zu schreiben, was Sie fühlen und denken.

„Kommunizieren Sie situationsgerecht und nicht verkopft."

Jedermanns Freund zu sein ist unmöglich und widerspricht zielgruppengerechter Werbung. Kommunikation verbindet und setzt Grenzen. Das ist gut so. Achten Sie auf die Balance.

Das innere Team

Nach Friedemann Schulz von Thun bestimmt ein inneres Team unsere Kommunikation und nicht ein einzelner „Chef". Das eine Teammitglied möchte beispielsweise aus der Haut fahren, das andere denkt an die Folgen und bremst. Dieses innere Team steht für unsere Widersprüche und die Facetten unserer Meinungen und Botschaften. Dieses Bild lässt sich gut auf die Werbekommunikation und Gestaltung übertragen. Auch in unserer Kommunikation müssen wir diese verschiedenen Stimmen zur „Räson" bringen. Nicht viele unterschiedliche Botschaften sind wichtig, sondern Signale für EIN einheitliches Erscheinungsbild. Ein Unternehmen benötigt dazu unbedingt eine individuelle Identität, die es einmalig macht – die sog. Unternehmensidentität „Corporate Identity" [CI]. Sie prägt mit ihren Teilaspekten Corporate Identity [CI], Corporate Communication [CC],

Corporate Design [CD] das Erscheinungsbild eines Unternehmens und zwar in der Außen- und Innenwirkung – dazu mehr im Leitfaden 4. Dabei gilt: In der Kommunikation ist Abwechslung durchaus erlaubt – aber kein Wildwuchs, der das Erscheinungsbild verwässert.

So können wir 8 Kommunikationsstile unterscheiden:

- Abhängig: Fokus auf Hilfsbedürftigkeit, Passivität
- Helfend: Fokus auf Hilfe und Unterstützung in Verbindung mit der eigenen Stärke
- Selbstlos: Fokus Hilfe in Verbindung mit eigener Schwäche
- Entwertend: Fokus auf Abwertung anderer in eigener Selbstbehauptung
- Selbstprofilierend: Fokus auf eigener Tüchtigkeit und Stärke
- Kontrollierend: Fokus auf Kontrolle und Regeln
- Distanziert: Fokus auf Sachlichkeit und Präzision
- Mitteilungsfreudig: Fokus auf Nähe, Emotion und eigene Erlebnisse

Nur wer seine Stärken und Schwächen erkennt, kann die Qualität seiner Kommunikation verbessern. Überspitzt ausgedrückt: Die einen können zuhören, die anderen begeistern und wieder andere Dinge klar auf den Punkt bringen. Je nach Anlass und Zielgruppe ist ein bestimmter Kommunikationsstil mehr oder weniger angebracht.

> ***„Je variabler unsere Kommunikationsstile sind, umso besser können wir (kommunikativ) Brücken bauen!“***

Reflektieren Sie Ihre Aussagen

„Fragen Sie sich also, wie Ihr potenzieller Kunde Ihre Botschaft verstehen könnte (denken Sie dabei an das 4-Ohren-Modell). Ist Ihr Werbeauftritt unverwechselbar? Ist er einheitlich? Was werden Sie künftig verändern?

Reflektieren Sie Ihre Kommunikationsstile

Analysieren Sie Ihre Kommunikation anhand der schon vorgestellten 8 Kommunikationsstile. Unterscheidet sich Ihr persönlicher Kommunikationsstil von dem Kommunikationsstil in Ihren Medien? Analysieren Sie sowohl Ihren schriftlichen Kommunikationsstil als auch den verbalen.

Überlegen Sie, ob diese Kommunikationsstile zu Ihrem Angebot, zu Ihrer Zielgruppe und zu dem Werbemedium und der jeweiligen Situation passen.

Denken Sie zurück an die Bedürfnisse: Mit welchem Kommunikationsstil gelingt es Ihnen am besten, auf die Bedürfnisse Ihrer Zielgruppe einzugehen?

Reflektieren Sie die Wirkung Ihrer Kommunikation

Wie häufig bekommen Sie das Feedback, nicht verstanden zu werden?

Wie steht es insgesamt mit der gewünschten Reaktion auf Ihre Botschaften? Entsteht ein Dialog?

Wie steht es um die Balance zwischen dem Sagen und Zuhören?

Zielgruppen/typgerechte Kommunikation

Kann man Menschentypen erkennen und einordnen?

Wir haben schon davor gewarnt, Modellen allzu sehr zu vertrauen. Und doch ist es wichtig, uns nun Gedanken zu machen, was Menschen miteinander gemeinsam haben und was nicht. Wenn Sie ein gelungenes Fest ausrichten wollen, bei dem sich vom Kleinkind bis zum betagten Senior alle wohlfühlen sollen, müssen Sie die unterschiedlichen Bedürfnisse beachten. Ähnlich ist es, wenn Sie zielgruppengerecht werben. Denn auch Zielgruppen haben gemeinsame, aber auch unterschiedliche Bedürfnisse. Die Ansprache Ihrer Zielgruppe birgt zwei Gefahren. Entweder engen Sie die Zielgruppe stark ein, mit dem Risiko eventuell Interessierte auszuschließen oder Sie denken zu weit und kommunizieren zu konturlos, dass sich keiner mehr wirklich angesprochen fühlt.

Zielgruppen sind häufig inhomogen

Ein Beispiel: Tablet-Computer waren ursprünglich für eine junge Zielgruppe gedacht; sie sind aber, wie die Verkaufszahlen belegen, gerade für Senioren interessant. Viele Produkte und Dienstleistungen erfüllen Bedürfnisse von unterschiedlichen „Typen“. Je größer die Gruppe ist, mit der Sie in Beziehung treten möchten, umso unterschiedlicher sind die Menschen, die Sie ansprechen müssen. Um Impulse zu bekommen, wie typgerechte Ansprache gelingt, könnten Sie eine der vorgestellten Typologien von Seite 23 nutzen.

Für unser eigenes Beratungsinstrument, das „7-Felder-Prinzip“, haben wir ein spezielles Modell entwickelt, um unterschiedliche Typen zu erkennen und diesen gerecht zu werden. Damit haben wir nicht das Rad neu erfunden, sondern Praktikables aus verschiedenen Modellen kombiniert. Unser Ziel war es, nicht von einem kostenpflichtigen Lizenzmodell abhängig zu sein. In der Praxis ist es wichtig, ein einfaches Modell zu haben, das schnell zu verstehen und anzuwenden ist. Wir orientieren uns dabei an

Persönlichkeitsmerkmalen, die Sie an Menschen aus Ihrem Umfeld erinnern. Es geht dabei nicht darum, Eigenschaften einzuordnen oder zu beurteilen. Wir wollen Ihnen stattdessen Impulse geben, sich mit den verschiedenen Persönlichkeitstypen auseinanderzusetzen. Denn genau DAS ist notwendig, damit Ihre Werbestrategie Erfolg haben kann.

Das Typ-Modell des 7-Felder-Prinzips

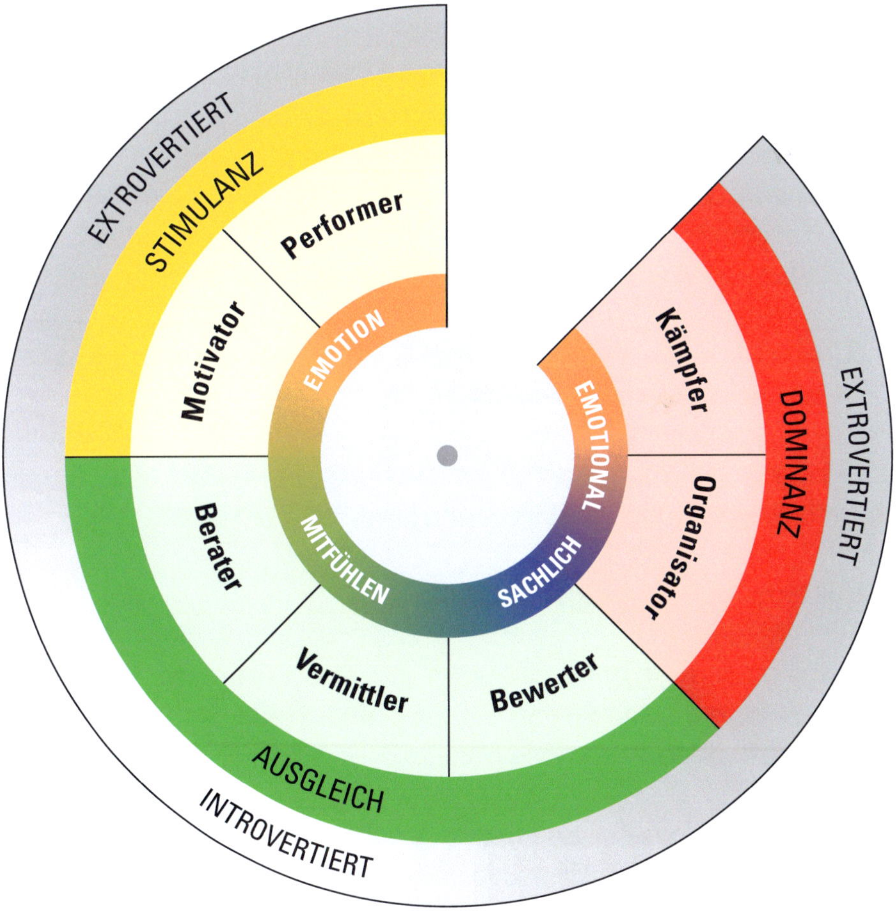

Ein praktisches Beispiel zur Anwendung:

Denken Sie nicht in Kategorien, sondern an echte Persönlichkeiten. Denken Sie z. B. an eine „extrovertierte Bühnensau“ (vielleicht Stefan Raab), die Sie kennen – in dem Wissen, dass dieser Mensch zugleich ein nachdenklicher Zeitgenosse sein kann. Stellen Sie sich einen kritischen Bewerter vor (den haben Sie sicher in Ihrem beruflichen Umfeld) oder einen mutigen Kämpfer (das muss nicht ein muskelbepackter Held sein, vielleicht ist es sogar ein kranker Mensch, der mit Würde sein Schicksal meistert). Versuchen Sie die Welt aus seiner Sicht wahrzunehmen, seine Welt kennen zu lernen, die sich von Ihrer Welt unterscheidet. Versuchen Sie mit seinen/ihren Augen zu sehen, seinen/ihren Ohren zu hören, seinem/ihrem Geschmack zu schmecken, seiner/ihrer Nase zu riechen, seinen/ihren Fingern zu fühlen. Ziel ist es nicht, Typen zu bewerten und in Schubladen einzuordnen, sondern zu verstehen, wie dieser Typ – und das ist wichtig – sich in diesem Moment und Zusammenhang gibt. Übrigens: Menschen in Schubladen können sich weder entwickeln noch einen überraschen.

> ***Man sollte einen Menschen nicht beurteilen, bevor man nicht in seinen Mokassins gelaufen ist.***

Diese indianische Weisheit bringt auf den Punkt, um was es geht. Es geht um Einfühlungsvermögen mit Kopf und Herz, nicht um Urteile.

Charakteristische Typeigenschaften

Sie kommunizieren typgerecht, wenn Sie eine bestimmte Person klar vor Augen haben. Dann spüren Sie die Unterschiede der Typen und Sie können sich in seine Bedürnisse einfühlen.

- Ein Performer braucht eine Bühne und Zuhörer ...
- Ein Motivator braucht Empathie und Begeisterung ...
- Ein Berater schafft eine vertrauensvolle Atmosphäre ...
- Ein Vermittler braucht Sensibilität und Zurückhaltung ...
- Ein Bewerter braucht den kritischen Blick ...

- Ein Organisator verbindet Kontaktfreudigkeit mit analytischen Fähigkeiten ...
- Ein Kämpfer braucht eine Herausforderung ...

Je mehr Sie die Beschreibungen für sich vertiefen, umso genauer charakterisieren Sie diese Typen. Machen Sie sich diese Typen „leibhaftig und lebendig" in Ihrer Vorstellung. Trauen Sie sich, sich weitere Typen vorzustellen und zu charakterisieren, wenn nötig. Denken Sie daran, wie sich diese bewegen, wie sie sprechen, wie sie bekleidet sind, wie sie dasitzen usw. Alles, was dazu beiträgt, das Typbild lebendiger zu machen, hilft Ihnen. Es geht nicht darum, einen Katalog von Eigenschaften zu erstellen, sondern um die sinnliche Vorstellung dieser verschiedenen Typeigenschaften. SINNliche Vorstellung heißt, alle Sinne zu nutzen und anzusprechen. Es gibt Augenmenschen, Ohrenmenschen und Fühler. Bedürfnisse der verschiedenen Typen können sein:

- Beteiligung
- Wettbewerb
- Distanz
- Gruppenerlebnis
- Spannung/Stimulanz
- Struktur
- Exklusivität

Alle Bedürfnisse sind weder gut noch schlecht – nur anders. Sprechen Sie mit Ihrer Kommunikation möglichst alle Sinneskanäle und passenden Bedürfnisse an. So steigen die Chancen, dass Sie die verschiedenen Typen Ihrer Zielgruppe erreichen und überzeugen können. Nochmals zur Wiederholung, weil es wichtig ist:

> ***Denken Sie bei den unterschiedlichen Bedürfnissen verschiedener Typen nicht nur an Inhalte, sondern zugleich an passgenaue Strukturen, Stimmungen und Emotionen.***

Mit wem stimmt die Chemie?

Oft fällt es besonders leicht, zu ähnlichen Typen eine Beziehung herzustellen. Machen Sie etwas daraus.

Lernen Sie dazu, was andere Typen betrifft! Erweitern Sie Ihren Horizont!

Feedback

Machen Sie sich nicht nur Gedanken über andere.

Kommen Sie mit den anderen in Dialog, hören Sie zu. So lernen Sie Ihre Zielgruppe weitaus besser kennen als durch Typologien.

Tanz oder Kampf, Push oder Pull

Marketingausrichtung im Wandel der Zeit

Es ist ein alter Hut,

> ***„Nichts ist so beständig wie der Wandel.“***

Werben und gestalten Sie deshalb heute nicht wie gestern oder vorgestern! Gerade deshalb, weil sich Menschen von heute in bestimmten Bereichen wenig von Menschen von gestern unterscheiden. Das klingt zunächst paradox, ist es aber nicht, weil die Grundprinzipien der Wahrnehmungspsychologie gleich geblieben sind und sich nur die Umgebung geändert hat.

In einer ruhigen Umgebung reagieren Menschen auf geringe Reize. In einer Umgebung, wo es knallt, blitzt und donnert, reagieren sie nur auf starke Reize.

Zugleich gilt: Menschen reagieren auf starke Veränderungen unabhängig von der Reizintensität. Wenn das Getöse urplötzlich verstummt, ist das Erleben ähnlich stark, wie wenn die Stille durch laute Geräusche unterbrochen wird. Menschen reagieren auf Gegensätze.

Fazit: Eine ausgemalte Kirche vor 600 Jahren war ein visuelles Feuerwerk, eine laute Kirchenorgel überwältigend. Heute haben wir Boxentürme und Lasershows. Nun können wir versuchen, die Wirkung zu übertrumpfen und die Sinne noch gewaltiger zu reizen. Oder wir können das Gegenteil tun und besonders leise werden. Heute sind wir mehr Reizen ausgesetzt als früher. Deshalb bieten sich Konzepte an, die auf Kontraste setzen und nicht auf mehr Lautstärke.

> ***Weniger ist mehr, gerade dann, wenn es schon zuviel gibt.***

Ebenfalls interessant ist der Blick auf das veränderte Umfeld, in dem sich Werbung behaupten muss. Manfred Bruhn hat diese Entwicklung der Marketingorientierungen übersichtlich dargestellt
(Quelle: http://de.wikipedia.org/wiki/Marketing):

- Produktorientierung in den 1950ern
  (reine Produktion; aufgrund enormer Nachfrage in der Nachkriegszeit)

- Verkaufsorientierung in den 1960ern
  (von der Produktion zum Vertrieb)

- Marktorientierung in den 1970ern
  (Marktsegmentierung; Spezialisierung auf einzelne Bedürfnisse)

- Wettbewerbsorientierung in den 1980ern
  (Betonung von Alleinstellungsmerkmalen)

- Umfeldorientierung in den 1990ern
  (Reaktion auf ökologische, politische, technologische oder gesellschaftliche Veränderungen)

- Dialogorientierung ab 2000
  (interaktive Ausrichtung der Kommunikation durch Internet, E-Mails)

- Netzwerkorientierung ab 2010
  (Web 2.0, soziale Netzwerke, Word-of-Mouth)

Verstehen Sie nun, warum die klassische Werbung in einer Welt der vielen Informationen und satten Märkte nicht mehr funktioniert?

Wie wirbt man, wenn von Exklusivität bis „Geiz ist geil“ schon vieles ausgereizt ist?

Denken Sie ganz einfach an das, was Menschen gefällt – gestern, heute und ziemlich sicher auch morgen. Sie erinnern sich an das Kapitel über die

Bedürfnisse. Grundsätzlich gilt für viele Menschen darüber hinaus:

- Sie werden nicht gerne gezwungen.
- Sie sind neugierig.
- Sie haben Entscheidungsgewalt.
- Sie lachen gerne.
- Sie bekommen gerne etwas geschenkt.
- Sie sind gerne glücklich.
- Sie wollen keine Zeit gestohlen bekommen.

Sie können die Liste sicher noch ergänzen. Machen Sie es …

Ist Ihre Werbung zeitgemäß?

Nun schauen Sie sich Ihre oder eine andere Werbung an. Flyer, Plakate, Internetseiten, Spots etc. und vergleichen Sie diese mit den Aufzählungspunkten oben. Passt das zusammen?

Versuchen Sie mit „Lautstärke“ und Auffälligkeit zu punkten oder gehen Sie bewusst einen anderen Weg? Den Weg des Gegensatzes, des bewussten Kontrasts zum Gewöhnlichen?

Werbedruck oder Werbesog

Immer wieder wird Folgendes behauptet: Klassische Werbung betont den Aspekt des Werbedrucks. Je mehr Anstöße die Zielgruppe bekommt, umso eher wird sie reagieren. Das stimmt. Nur wie sieht die Reaktion aus? Führt Werbedruck dazu, das Beworbene positiv zu sehen? Ein anderes Ziel verfolgt die Strategie des Werbesogs. Das Angebot ist so verlockend, dass sich die Zielgruppe wie von alleine darauf zu bewegt. Magnetisch angezogen wie die Biene vom duftenden Nektar. Diese Bewertung klingt verlockend. Doch so einfach schwarz-weiß ist es nicht. Manche stellen es heute so dar, als gelte es, die althergebrachte Werbung mit permanentem Werbedruck (Push) zu verteufeln und den Werbesog (Pull) in den Himmel zu loben. Diese Sicht der Dinge ist vereinfacht und falsch. Beide Startegien machen Sinn, genauso wie eine Kombination beider Möglichkeiten. Vergleichen wir die beiden Strategien einmal genauer:

Push-Strategie

Push-Strategie heißt, der potenzielle Käufer muss zum Angebot „hingeschoben" werden. Eine Push-Strategie ist besonders dann erfolgreich, wenn ein Produkt oder eine Dienstleistung dem Konsumenten unbekannt ist, und der Nutzen zunächst herausgestellt werden muss. Ein Beispiel ist z. B. die Produktneueinführung eines 3D-Druckers. Ziel ist es, kein Bedürfnis in ein latentes Bedürfnis und dann in ein bewusstes Bedürfnis beziehungsweise in einen Bedarf umzuwandeln. Neue Produkte in einem bestehenden Markt und besonders erklärungsbedürftige Güter werden üblicherweise mit Push-Strategien vermarktet. Push-Strategien sind ebenfalls geeignet bei langen Vertriebskanälen und noch fehlender Markenbekanntheit.

Pull-Strategie

Pull-Strategie heißt, das Angebot „zieht" den potenziellen Kunden förmlich an. Bei der Pull-Strategie wird das Angebot passgenau auf die Nachfrage des Konsumenten ausgerichtet. So erzeugt der Verbraucher z. B. Druck auf den Handel, indem er genau nach diesem Produkt fragt. Zur Pull-Strategie zählt ebenfalls, wenn die Produkte über Massenmedien beworben (sogenannter medialer Vorverkauf) und dadurch erst aktiv vom Kunden nachgefragt werden. Ein Beispiel dafür ist die Einführung eines neuen Apple Handys. Dann stehen die potenziellen Käufer schon in der echten oder virtuellen Schlange an. Meist können nur größere Unternehmen es sich leisten, in diesem Sinne nach der Pull-Strategie zu agieren. Hohe Investionen in Markenpflege und Produktentwicklung sind notwendig, um den Sog im Vertriebssystem aufzubauen und aufrecht zu erhalten.

Zusammenfassend lässt sich sagen, dass es grundsätzlich sinnvoll ist, das Angebot so attraktiv zu gestalten, dass ein Nachfragesog entsteht. Das gute Image des Produktes oder der Dienstleistung ist deshalb umso wichtiger. Sowohl die Push- als auch die Pull-Strategie sind keine Selbstläufer. Sie brauchen wirklich ein einzigartiges Produkt – und das erfordert Investitionen – um leuchtturmgleich aufzufallen und nachgefragt zu werden. Ein Beispiel: Sie können ein weitaus besseres und gleichzeitig günstigeres Produkt als Apple oder Coca-Cola anbieten – Sie werden sich schwer tun, es ebenso erfolgreich zu vermarkten.

Für Pull-Strategien brauchen Sie einen langen Atem. Ihre besondere Leistung wird sich herumsprechen, wenn Sie etwas dafür tun. Es entspricht dem Stoß über die Bande beim Billard. Sie verfolgen zunächst ein anderes Ziel, um später das eigentliche Ziel zu erreichen. Sie müssen erst etwas für Ihren Ruf tun, um später davon zu profitieren. Denken Sie auch daran, dass selbst eine starke Marke nicht „unverwundbar“ ist. Markenpflege fordert besonders viel Aufwand – vor allem dann, wenn Ihre Kunden zum verlängerten Vertrieb Ihrer Organisation werden.

Push oder Pull?

Welches Potenzial haben Ihre Produkte und Dienstleistungen?
Haben sie Alleinstellungsmerkmale, die Sie ausbauen können?
Haben Sie begeisterte Kunden, die Sie weiterempfehlen?

Die Stellschrauben der Veränderung

Kommunikation beginnt im eigenen Kopf

Nun folgt zum Abschluss ein kurzes aber wichtiges Kapitel, das sowohl mit unserer Kommunikation, aber noch viel mehr mit Veränderung zu tun hat. Denn Ziel der Kommunikation ist nicht nur eine kurzfristige Reaktion, sondern eine mittel- und langfristige Veränderung.

Der Satz ist schon gefallen – aber er ist es wert, nochmals herausgestellt zu werden:

„Kommunikation ist mächtig."

Mit unserer Kommunikation nehmen wir Einfluss. Dabei beginnt übliche Werbekommunikation oft zu spät – und damit vergeben wir Chancen. Wir können die Veränderungspotenziale durch Kommunikation besser nutzen, wenn wir uns immer vor Augen halten, dass wir fremde Köpfe nicht „neu verdrahten" können. Wir haben immer nur begrenzten Einfluss auf andere Menschen – mal mehr, mal weniger. Der Mensch, auf den Sie am meisten Einfluss haben, und das wird oft vergessen, sind Sie selbst. Deshalb denken Sie daran:

„Veränderung beginnt bei uns selbst."

Unser Einflussbereich nimmt ab, je weniger wir von jemandem wissen, je fremder er uns ist. Potenzielle Kunden und unsere Zielgruppe sind schon weiter vom Kern unseres Einflussbereiches entfernt als z. B. unser Team. Und doch können wir uns auch in unsere Zielgruppe hineindenken. Dazu haben Sie bis hierher ja schon einige Impulse erhalten.

Erfolgreiche Kommunikation startet am besten im Zentrum unseres Einflussbereiches. Drehen Sie die 3 Stellschrauben der Veränderung deshalb in der richtigen Reihenfolge.

1. **Wir beginnen bei uns selbst.** Wir überdenken Haltungen, Muster und Orientierungen. Wir reflektieren und verändern unseren inneren Dialog und damit unsere Kommunikationsmuster.

2. **Wir beziehen unser näheres Umfeld mit ein.** Wir denken dabei z. B. an Mitarbeiter, Teams, Abteilungen und zuletzt an die Gesamtorganisation. So ziehen möglichst viele an einem Strang.

3. **Wir richten unsere Energie und Kommunikation nach außen.** Nun haben wir für die Kommunikation mit unserer Zielgruppe und unseren Partnern eine gute Basis geschaffen und können mehr Wirkung erzielen.

Und es gibt noch eine vierte:

4. **Wir nehmen Einfluss auf unsere Branche und Gesellschaft.** Und das hoffentlich nicht nur im Sinne der Lobbyarbeit und des eigenen Profits. So nutzen wir die Chance, unseren Einflussbereich zu vergrößern.

Wenn wir etwas bewirken wollen, müssen wir Verantwortung übernehmen. Wir müssen offen dafür sein, Dinge zu verändern. Am besten und wirkungsvollsten von innen nach außen. Man sagt zurecht:

Der Fisch stinkt vom Kopf her –
lassen Sie es nicht dazu kommen!

Gehen Sie den Dingen auf den Grund – aber nicht, um tiefgründig zu grübeln, sondern um Dinge in Bewegung zu bringen. Und halten Sie diese Bewegung aufrecht. Manche Impulse lösen weitere Impulse aus, ohne Ihr Zutun. Aber

Von nichts kommt nichts!

Finden Sie die passende Balance. Viel Spaß und Erfolg dabei!

Weiterführende Informationen

Lesenswerte Bücher zum Thema Wahrnehmung, Werbepsychologie und Kommunikation

„Wie wirklich ist die Wirklichkeit?“
Wahn, Täuschung, Verstehen
Paul Watzlawick

„Wahrnehmungspsychologie“
E. Bruce Goldstein

„Strategie und Technik der Werbung“
Verhaltenswissenschaftliche und neurowissenschaftliche Erkenntnisse
Werner Kroeber-Riel, Franz-Rudolf Esch

„Warum das Gehirn Geschichten liebt“
Werner T. Fuchs

„Miteinander reden 1-3“
Störungen und Klärungen.
Stile, Werte und Persönlichkeitsentwicklung.
Das „Innere Team“ und situationsgerechte Kommunikation
Friedemann Schulz von Thun

„Erfolg in Balance“
Siegfried Bütefisch / Viola Michaelis

Interessante Weblinks

Test von Daniel J. Simons

www.youtube.com/watch?v=IGQmdoK_ZfY

Wahrnehmungstäuschungen

www.youtube.com/watch?v=sxv-vbtOny8

Vortrag über Wahrnehmung und Hirnforschung

Richard David Precht und Prof. Thomas Metzinger
www.youtube.com/watch?v=ndpPTR8nlDU

Film über Realität, Wahrheit, Wirklichkeit, Bewusstsein und Wahrnehmung

www.youtube.com/watch?v=CyEYysoN-7U

Impulse zur Kommunikation

www.buetefisch.de/frischfisch-impulse/

Weitere Leitfäden dieser Reihe:

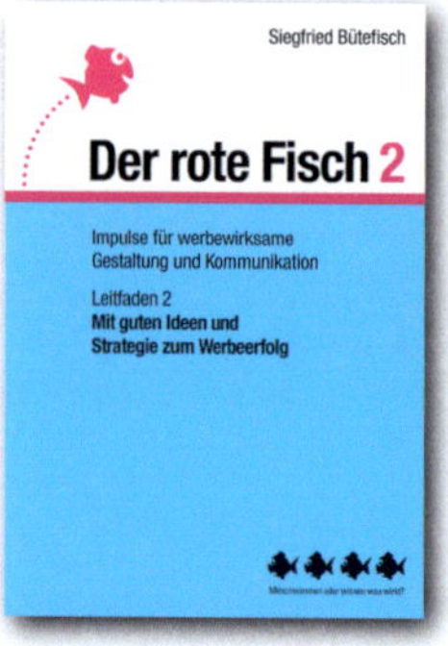

Mit guten Ideen und
Strategie zum Werbeerfolg

Bild und Text –
mehr als nur Layout-Zutaten

Das 1x1 guter Gestaltung:
Schwerpunkt Druckmedien

Erfolg im Internet
und in digitalen Medien

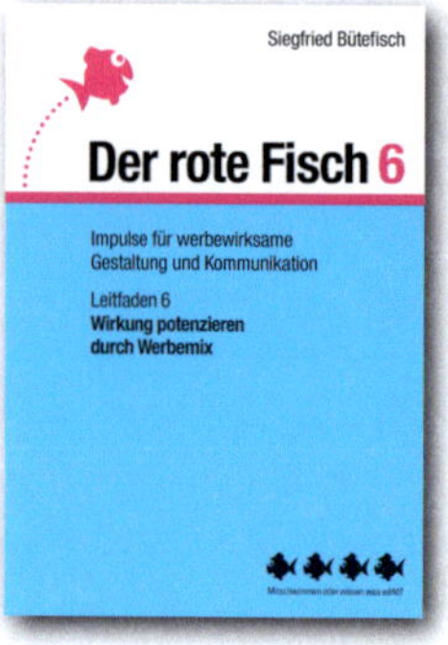

Wirkung potenzieren
durch Werbemix

Kunden, Unterstützer
und Sponsoren gewinnen